LEONARD CLARK

contes du panchatantra

traduit de l’anglais par
MARTINE D

illustrations de
JEROO ROY

castor poche flammarion

Titre original :

TALES FROM THE PANCHATANTRA

Une production de l'Atelier du Père Castor

Léonard Clark, l'auteur, né en 1905 vit à Londres. Enseignant, écrivain, il est avant tout poète. Auteur de plus de cinquante ouvrages, publié depuis 1925, son œuvre poétique est extrêmement importante et destinée surtout aux enfants et aux adolescents.

Martine Delattre, la traductrice :

« J'ai trente-quatre ans. Après avoir vécu six ans à New York, puis quatre à Paris, j'habite maintenant à Casablanca, au Maroc. Je n'ai jamais fait que des traductions, alors que je suis sociologue de formation. Mais les deux sont beaucoup plus liés qu'on pourrait le croire. Depuis toujours, j'aime traduire : version latine, grecque ou anglaise. J'ai l'impression de contribuer un peu, de cette manière, à la « circulation » des idées d'un pays à l'autre. J'ai la chance de pouvoir beaucoup voyager et c'est à chaque fois une grande joie de découvrir des pays nouveaux. »

Jeroo Roy, l'illustratrice, a exprimé sa vision du monde dans de nombreuses toiles, a créé des jeux et illustré beaucoup de livres. Elle a vécu en Inde jusqu'à l'âge de 21 ans avant de venir à Londres étudier tous les procédés d'imprimerie et enfin, de mettre au monde un petit garçon qui a aujourd'hui 11 ans. Elle a également illustré dans la collection Castor Poche *Fables d'Afrique* (nº 38), de Jan Knappert.

Contes du Panchatantra :

Onze contes de la tradition en Inde, mettant en scène des animaux et des humains. Parfaitement dépaysants, en ce qu'ils ne rappellent nullement nos contes européens. De quoi glaner, de quoi méditer, de quoi se régaler... Un univers de merveilleux et de symboles, fertile en rebondissements, en imprévus et en astuces.

Les histoires du Panchatantra furent inventées à l'origine par un prêtre vieux et sage, en l'an 200 avant J.-C., pour enseigner à trois jeunes princes indiens, paresseux et gâtés, l'art de vivre. Elles furent transcrites en sanscrit par une main anonyme et ont, depuis, ravi tous leurs lecteurs par leur approche humoristique à la fois directe et subtile.

Les souris et les éléphants

Il était une fois une ville depuis longtemps désertée par les hommes, où les maisons et les temples n'étaient plus que ruines. Et, dans ces ruines, dans les coins et les recoins, vivaient, heureuses, des souris. Elles partageaient leur temps entre fêtes, spectacles, mariages et banquets. Leur vie n'était qu'une longue suite de plaisirs.

Un jour, le roi des éléphants, qui régnait sur plus de mille éléphants, entendit parler d'un lac où l'eau abondait et qui se trouvait non loin des ruines où résidaient les souris. Il décida de s'y rendre, avec ses compagnons, pour qu'ils puissent étancher leur soif tout à loisir. Hélas! le troupeau, sur son chemin, écrasa les maisons des souris et piétina un grand nombre d'habitantes.

Les souris survivantes se réunirent pour commenter en détail le terrible malheur qui les avait frappées. « Ces maladroits d'éléphants sont en train de nous exterminer. S'ils reprennent encore une fois ce chemin, il ne restera bientôt plus personne pour raconter notre histoire. Il existe un vieux proverbe qui dit : *La patte de l'éléphant et l'haleine du serpent sont mortelles. Les rois peuvent tuer d'un sourire. Les méchants peuvent faire beaucoup de mal en faisant semblant d'être gentils.* Il faut que nous trouvions quelque chose pour que cela ne se reproduise plus », dirent-elles.

Après délibération, quelques-unes d'entre elles se rendirent au lac, s'agenouillèrent humblement devant le roi des éléphants et dirent poliment : « Puissant monarque, non loin d'ici se trouve notre demeure. Cela fait très longtemps que nous autres, souris, vivons là. Nous y sommes merveilleusement heureuses et le monde nous semble beau. Mais si vous et vos amis persistez à traverser notre ville, il ne restera bientôt plus aucune d'entre nous. Nous vous supplions, si votre cœur est bon, d'emprunter un autre chemin. Sans compter que nous pourrions vous être utiles un jour. »

Le roi écouta attentivement la déclaration des souris et décida que les éléphants, à l'avenir, suivraient une autre voie.

Peu de temps après, des chasseurs, désireux d'offrir à leur roi quelques éléphants, s'installèrent dans la région.

Ils étalèrent un grand filet de corde, le placèrent au-dessus d'un trou pratiqué dans le sol. Puis ils entourèrent le troupeau d'éléphants et, au bout de trois jours, ils réussirent à capturer le roi des éléphants, ainsi que plusieurs autres. Avec bien des difficultés, ils le hissèrent hors du piège et l'attachèrent à un énorme tronc d'arbre,

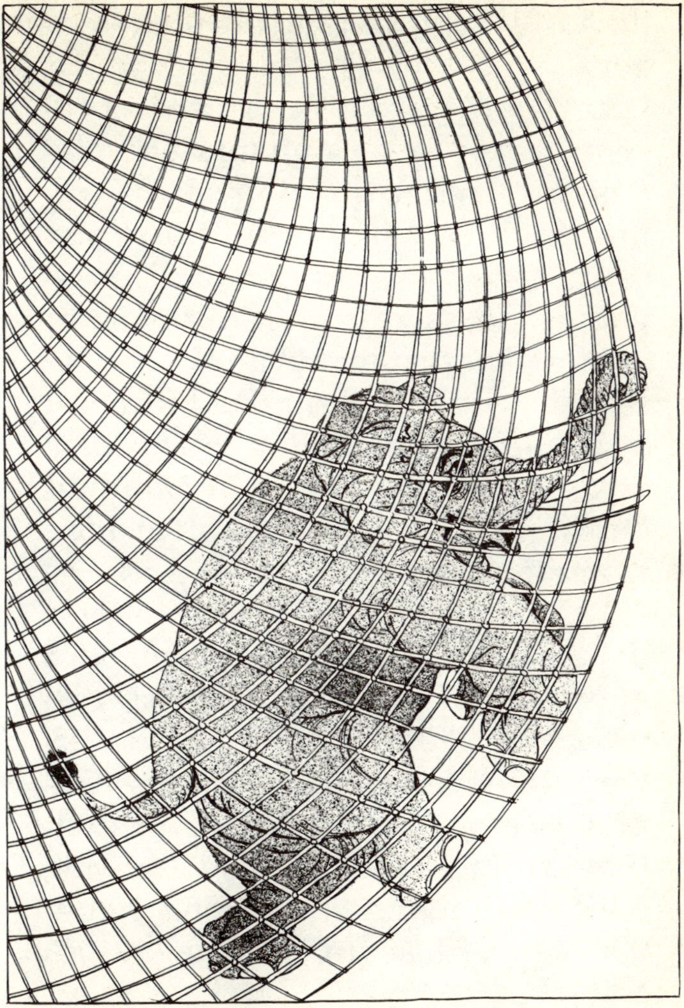

de sorte qu'il ne pouvait plus bouger.

Lorsque les chasseurs se retirèrent, le roi des éléphants chercha désespérément qui pouvait lui venir en aide. Il pensa alors aux souris. Peut-être seraient-elles capables de faire ce qu'il attendait d'elles. Aussi murmura-t-il à un de ses vieux serviteurs qui avait réussi à échapper au filet : « Va dire aux souris que je suis prisonnier. Demande-leur si elles veulent bien m'aider. »

Le vieux serviteur arriva bientôt dans la cité des souris. Dès qu'elles apprirent la nouvelle, elles se rassemblèrent par milliers et se dirigèrent vers l'endroit où les éléphants étaient prisonniers. Se mettant immédiatement au travail, elles commencèrent à ronger toutes les cordes qui attachaient les pattes des éléphants. Grimpant même dans les arbres, elles réussirent à couper le filet et les éléphants, reconnaissants, retrouvèrent la liberté.

Le daim

Dès l'âge de six mois, j'étais déjà très entreprenant. Je courais toujours devant le troupeau, puis attendais que les autres me rattrapent. Il faut expliquer que nous autres daims, nous avons deux manières de courir. Nous appelons cela le bond et la course. Mais, à cette époque-là, je ne connaissais que la course.

Un jour que je gambadais joyeusement, je me trouvai soudain séparé de mes amis. Cela m'effraya fort, car je ne comprenais pas où ils avaient pu aller. Mais, lorsque je regardai autour de moi, je les aperçus un peu plus loin. Je ne compris pas, cependant, que j'étais bel et bien pris au piège tandis qu'ils y avaient échappé. Et ceci, simplement, parce qu'ils savaient se servir du bond, auquel je ne connaissais rien, moi. Lorsque j'essayai de les rejoindre, je n'y parvins pas et me trouvai si entortillé dans le filet des chasseurs que je m'affalai sur le sol.

L'un des chasseurs s'approcha, il vit alors que je n'étais qu'un faon et ne put se résoudre à me tuer sur-le-champ. Il me prit très doucement dans ses bras et me ramena chez lui. Lorsque j'eus un peu grandi, il m'offrit en cadeau à un jeune prince qui me prit en affection.

Le jeune prince fut si enchanté de me voir qu'il donna au chasseur une belle somme d'argent et s'occupa de moi le plus gracieusement du monde, veillant à ce qu'on me baignât régulièrement, qu'on me frottât avec les parfums les plus suaves et qu'on me donnât à manger ce que je préférais. Les femmes et les courtisans du palais venaient me caresser et me câliner. Pourtant, certains avaient des gestes si brutaux que mes yeux, mes oreilles, mon cou, mes pattes, mes sabots et d'autres parties de mon corps furent bientôt meurtris. Ce traitement eut pour résultat de m'épuiser et de me rendre souvent

irritable et de mauvaise humeur.

Un jour, un terrible orage éclata. Mon prince, allongé sur un divan, observait les éclairs et écoutait le tonnerre. Je me mis, soudain, à songer aux miens avec une extrême nostalgie. Sans réfléchir, je soupirai à voix haute :

– Oh! quand rejoindrai-je mes compagnons?

Le prince sursauta à mes paroles et, terrifié, s'écria :

– Qui a parlé?

Il me regarda et conclut rapidement qu'on lui avait jeté un sort parce qu'il avait entendu un daim parler le langage des hommes. Un démon s'était emparé de lui, pensa-t-il. Pris de terreur, il se précipita hors de sa chambre.

Il fit appeler ses sorciers et ses enchanteurs pour qu'ils le délivrent de ce démon, leur promettant puissance et richesse s'ils y parvenaient. Et les courtisans, qui autrefois s'étaient montrés si gentils à mon égard, se mirent à me bourrer de coups, à me frapper avec des bâtons et à me jeter des pierres. Je serais mort sur-le-champ si un saint homme qui passait par là ne leur avait ordonné de cesser immédiatement. Lui savait pourquoi j'avais pensé aux miens lors du violent orage et il supplia le prince d'oublier sa terreur.

Le prince fut aussitôt réconforté et guéri de sa déraison. S'adressant gentiment à ses courtisans, il dit : « Prenez ce daim, lavez-lui bien la tête avec de l'eau et laissez-le aller. »

Ce qu'ils firent. Je m'enfuis aussitôt en bondissant et me retrouvai très vite dans ma forêt natale.

Bon-Gré et Mal-Gré

Bon-Gré et Mal-Gré, chacun fils de marchand, étaient de solides amis. Ils décidèrent, un jour, de s'en aller chercher fortune. Bon-Gré eut la main heureuse : il découvrit un pot, caché depuis des années par un avare, qui contenait mille pièces d'or. Naturellement, il fit part de sa découverte à Mal-Gré et, après quelques discussions, ils tombèrent d'accord pour rentrer chez eux avec le trésor. Car ils avaient, en fait, trouvé leur fortune.

Lorsqu'ils arrivèrent aux portes de la ville, Bon-Gré dit à son ami :

– La moitié de ce trésor t'appartient. Prends ce qui te revient, et montrons à tous de quoi nous sommes capables.

Mais Mal-Gré, cupide et égoïste qu'il était, répondit sournoisement :

– Puisque nous sommes si bons amis, partageons l'argent comme ceci. Prenons chacun cent pièces maintenant et enterrons le reste. Ce secret partagé sera une preuve de plus de notre amitié.

Bon-Gré, dont le caractère était aussi accommodant que son nom l'indiquait, accepta immédiatement. Il ne lui vint pas à l'esprit que son ami pût être malhonnête. Ils prirent donc chacun cent pièces d'or, enterrèrent le reste au pied d'un arbre et entrèrent dans la ville.

Mal-Gré gaspilla très vite son argent en plaisirs futiles et n'en eut bientôt plus. Il alla alors trouver Bon-Gré et le persuada de déterrer cent autres pièces d'or. Mais, comme la première fois, Mal-Gré dépensa tout son argent en moins d'une année. Alors, le rusé Mal-Gré réfléchit : « Si nous prenons encore cent pièces d'or chacun, se dit-il, il n'en restera plus que quatre cents. Et que peut-on faire avec une somme aussi misérable, même si je la vole? Il vaut mieux que je m'empare des six cents pièces d'or qui restent. »

Il alla seul à l'endroit où l'or

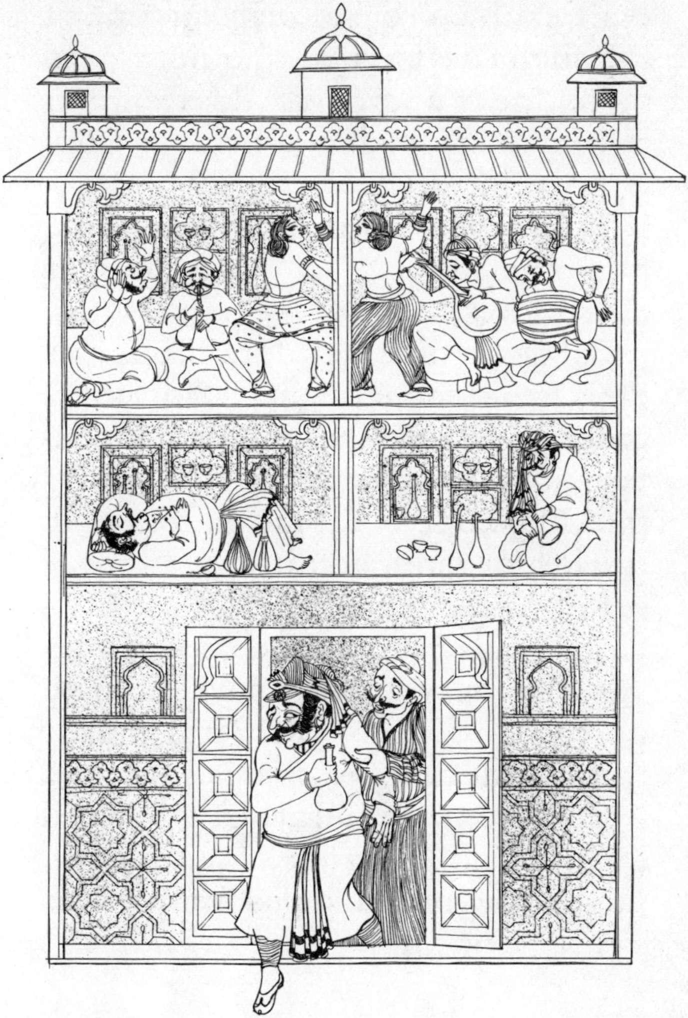

était caché, creusa, prit l'argent et rebroucha le trou de manière à ce qu'on ne s'aperçoive de rien. Au bout d'un mois, il alla trouver Bon-Gré et lui dit :
– Très cher ami, j'aimerais que nous partagions le reste de l'or entre nous.

Ils se rendirent donc tous les deux à la cachette et se mirent à creuser. Naturellement, ils ne trouvèrent rien. C'est alors que le perfide Mal-Gré, se tapant la tête contre le pot vide, gémit :
– Cet or n'a pas pu s'envoler! Bon-Gré, je suis certain que c'est toi qui l'as pris. Je veux ma part. Et si tu ne me la donnes pas, j'irai porter l'affaire devant les magistrats.
– Comment! Scélérat! Que veux-tu dire? Je ne sais rien de ce maudit trésor! Je ne suis pas un voleur! s'écria Bon-Gré.

Après s'être violemment disputés, ils décidèrent de mettre l'affaire entre les mains des magistrats. Ceux-ci ordonnèrent que chacun d'entre eux soit jugé.

– Voyons, ce n'est pas juste, protesta Mal-Gré, j'ai un témoin, une déesse des bois, qui prouvera bientôt mon innocence.

Les magistrats acceptèrent :

– Nous sommes prêts à écouter ton témoin, puisque c'est une déesse des bois, dirent-ils. Le cas nous intéresse énormément. Venez tous les deux demain matin au tribunal, nous irons ensemble dans la forêt et là, nous rendrons notre jugement.

Lorsque les deux plaignants eurent payé ce qu'ils devaient aux juges, ils rentrèrent chez eux.

Mal-Gré appela son père et lui dit :

– Père, je dois te confesser que c'est moi qui ai pris l'argent. J'ai besoin de ton aide. Je voudrais que tu ailles te cacher ce soir dans un arbre creux, non loin de l'endroit où nous avions enterré le trésor.

Et demain matin, quand je comparaîtrai devant les juges, tu joueras le rôle de la déesse des bois.

Mais le père de Mal-Gré trouvait cela fort désagréable :

– Mon fils, marmonna-t-il, cette idée ne me semble pas bonne du tout. Je crois plutôt que nous sommes perdus. Pèse bien s'il est vraiment dans ton intérêt de faire ce que tu proposes.

Le perfide Mal-Gré ne voulut pas écouter son père et l'obligea, la nuit tombée, à se cacher dans l'arbre creux. Le matin suivant, le coquin prit un bain, revêtit des habits propres et, accompagné de Bon-Gré et des magistrats, se rendit dans la forêt. Dès qu'il s'approcha de l'arbre, il offrit des prières au Soleil et à la Lune, au Ciel et à la Terre, à l'Aube et au Crépuscule.

Puis il s'écria d'une voix forte :
– Dis-nous, ô déesse, lequel d'entre nous est le voleur? Je t'implore de parler.

Et la voix de son père sortit de l'arbre :
– J'affirme que Bon-Gré est le voleur.

Lorsque les juges et leurs assesseurs entendirent ces paroles, ils furent saisis d'étonnement.

Il leur fallait à présent décider de la punition du coupable. Mais, tandis qu'ils délibéraient, Bon-Gré rassembla au pied de l'arbre une pile de bois et d'herbes sèches à laquelle il mit le feu, car il avait reconnu la voix du père de Mal-Gré. L'arbre s'enflamma et le père de Mal-Gré, poussant un cri déchirant, car il était fort brûlé, sortit précipitamment de sa cachette, les yeux exorbités.

– Qu'est-ce que cela veut dire? s'exclamèrent les magistrats.
– Pauvre de moi! répondit la fausse déesse des bois, tout cela est de la faute de mon fils. C'est lui qui m'a obligé à tenir ce rôle.

On se saisit aussitôt de Mal-Gré et on le pendit à l'une des branches de ce même arbre creux. Tout le monde fit l'éloge de Bon-Gré et on raconta partout quel honnête homme il était. Bon-Gré reçut de nombreux présents et le roi l'invita même à la cour.

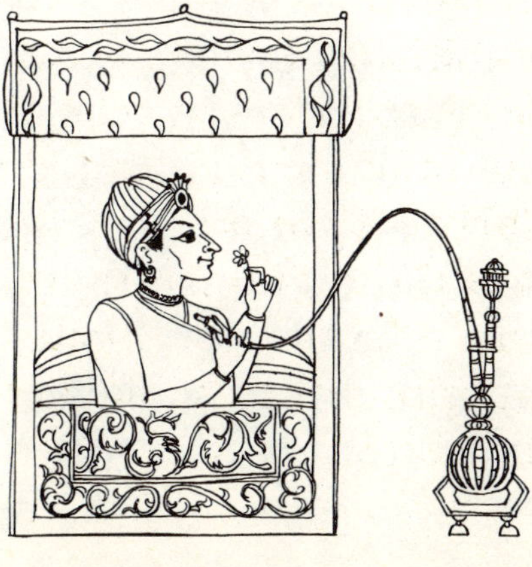

Le voleur d'oignons

Un voleur fut, un jour, surpris en train de chaparder des oignons. Un policier lui lia les mains et le traîna devant le juge qui, lorsqu'il eut entendu toute l'histoire, dit au voleur :

– Voilà, je te donne à choisir entre payer une amende de cent roupies, recevoir cent coups de fouet ou manger cent oignons. Sinon, tu iras en prison.

Le sot répondit :

– Je choisis de manger les oignons.

Et il se mit à la tâche. Quand il en eut mangé sept ou huit bottes, les larmes coulaient tant de ses yeux, de sa bouche et de son nez qu'il s'écria :

– Je ne pourrai jamais manger cent oignons. Ils sont trop amers et piquants. Je ne peux non plus payer les cent roupies. Il faudra donc que j'endure les cent coups de fouet.

Mais à peine les premiers coups reçus, il hurla :

– Assez! Assez! Je ne peux en supporter plus. Au secours! Au secours! Je paierai les cent roupies et les intérêts avec!

Tout le monde se moqua de lui parce qu'il s'était montré si bête. Non seulement il s'était brûlé la bouche avec les oignons et avait reçu une bonne correction, mais encore il devait payer l'amende.

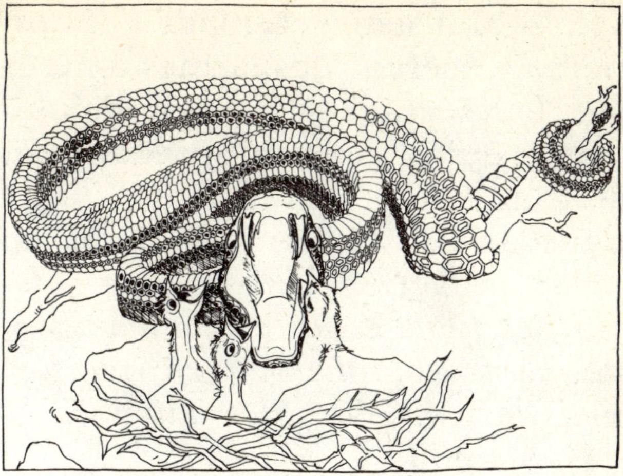

La corneille et le serpent

Un couple de corneilles avait établi son nid dans un grand figuier banian et s'était fait un confortable logis. Mais un jour, un serpent noir, s'étant faufilé par un trou dans le tronc, dévora les oisillons avant même que les œufs soient éclos. Monsieur et madame Corneille versèrent des larmes amères sur leurs enfants mais se refusèrent à quitter l'arbre qui leur était si familier pour aller s'installer dans un autre. Comme le dit un vieux proverbe : *Les hommes braves, les lions et les éléphants abandonnent volontiers leur maison, mais les corneilles, les daims et les coquins ne le font jamais.*

Un jour, cependant, madame Corneille, s'agenouillant aux pieds de son mari, lui dit tristement :

– Cher époux, nombre de mes bébés ont disparu, gobés par cet horrible serpent. Je les pleure tous. Je veux partir d'ici à l'instant même. Je te supplie de nous trouver un abri dans un autre arbre. Ici, nous n'aurons plus jamais la paix. Le danger nous guettera toujours.

A ces paroles, monsieur Corneille se sentit très malheureux et fit de son mieux pour la réconforter :

– Chère femme, nous vivons dans cet arbre depuis si longtemps que nous ne pouvons le quitter maintenant. Sois patiente, je te prie. Je vais trouver un moyen pour nous débarrasser de ce cruel ennemi.

– Mais, insista-t-elle, ce serpent est très venimeux. Comment vas-tu t'y prendre pour le tuer?

Il répondit :

– Il est vrai que je ne pourrai le faire seul, mais j'ai de bons amis qui m'aideront. Un peu de patience et je te promets que tu n'entendras plus jamais parler de ce scélérat.

Et ayant ainsi parlé, il s'envola pour aller consulter un de ses vieux amis, un chacal, qui vivait dans le sous-bois, au pied d'un

autre arbre. Monsieur Corneille raconta au chacal la triste histoire, puis lui demanda :
– Peux-tu m'aider? Si cette tuerie se prolonge, nous en mourrons, ma femme et moi.
– Mon cher ami, répondit le chacal, riant déjà sous cape, ne t'inquiète plus. J'ai un plan. Ce meurtrier sera puni comme il se doit.
– Mais comment faire? s'enquit la corneille.
– Ecoute-moi bien, répliqua le chacal. Trouve un endroit où vivent des gens riches. Observe-les bien. Et, quand personne ne regardera, saisis-toi d'une chaîne en or ou d'un collier et emporte-le. Cache le bijou dans l'arbre creux où s'est installé le serpent. Lorsqu'on le retrouvera, on mettra le vol sur le compte du serpent et on le tuera.

Peu de temps après cette conver-

sation, monsieur et madame Corneille se mirent en quête. Madame Corneille aperçut vite un étang dans lequel s'ébattaient quelques dames de la cour, qui avaient laissé bijoux et vêtements sur la berge. Madame Corneille descendit aussitôt à tire-d'aile, s'empara d'une des chaînes en or et s'envola vers le banian creux. Quand le grand chambellan et les serviteurs virent qu'un bijou manquait, ils saisirent leurs bâtons et se mirent à la recherche du voleur.

Comme on le lui avait dit, madame Corneille laissa tomber la chaîne dans l'arbre creux où somnolait le serpent noir et attendit tranquillement la suite des événements.

Bientôt les hommes du palais arrivèrent sur les lieux et grimpèrent dans l'arbre pour voir si la chaîne ne s'y trouvait pas. Et, naturellement, ils la découvrirent à côté du serpent douillettement lové. Sans tarder, les hommes tuèrent le serpent, reprirent la chaîne et la rapportèrent à la dame qui l'avait perdue.

Et c'est ainsi que monsieur et madame Corneille vécurent paisiblement le reste de leurs jours dans le grand banian creux. Ils élevèrent leurs petits sans crainte au cœur et se montrèrent toujours reconnaissants envers le chacal qui avait eu une si brillante idée.

La souris et le moine

Dans le Sud, s'élève une ville appelée Bonheur-des-Demoiselles. Et près de cette ville se dresse un temple. Et dans ce temple, se trouve une cellule. Et dans cette cellule, vit un moine surnommé Poil-aux-Oreilles. Tous les jours, lorsqu'il était l'heure pour lui d'aller mendier, il prenait son bol et parcourait les rues de la ville. Et tous les soirs, il rentrait au temple, le bol rempli de bonnes choses à manger, qu'il adoucissait avec du sucre et de la mélasse, et parfumait de grains de grenade. Lorsqu'il avait mangé autant que le lui permettait la règle du temple, il laissait le reste dans le bol à l'intention de ses serviteurs et l'accrochait à une cheville en bois pour qu'ils le trouvent le lendemain matin.

Mais, pendant la nuit, mes amies et moi-même prenions plaisir à voler cette délicieuse nourriture. Poil-aux-Oreilles faisait vraiment de son mieux pour cacher le bol mais je découvrais toujours l'endroit où il le plaçait. Il en était, évidemment, très énervé, parce qu'il lui fallait déplacer le bol d'un endroit à l'autre pour brouiller les pistes. Mais, même s'il l'accrochait très haut, je parvenais à l'atteindre et mangeais tout mon content.

Un jour, un autre moine, appelé Grosses-Fesses, vint rendre visite à Poil-aux-Oreilles, qui le reçut très poliment et l'installa confortablement. La nuit, les deux moines partageaient la même couche et échangeaient leurs vues sur les règles monastiques. Mais Poil-aux-Oreilles n'avait qu'une idée en tête : trouver un moyen pour nous empêcher de voler sa pitance. Et, tandis que Grosses-Fesses discourait, Poil-aux-Oreilles, préoccupé, lâchait à peine un mot ou deux et tapotait nerveusement le fameux bol avec une vieille canne en bambou.

Cela exaspérait Grosses-Fesses qui explosa soudain :

– Ecoute un peu, Poil-aux-Oreilles, je vois bien que tu ne fais pas grand cas de moi. Tu ne prends même pas la peine de me répondre. Quand je viens rendre visite à un ami, surtout un très vieil ami, je m'attends à être bien traité. Je m'attends à être salué par des paroles aimables, comme : « Entre donc, mon ami. Assieds-toi sur ce siège. Cela fait si longtemps que nous ne nous sommes vus. Que deviens-tu? Sache que cette maison est la tienne. Je suis enchanté de te voir. » Si un ami est reçu de cette façon, il a lieu de se réjouir. Mais si le maître de maison contemple d'un air distrait le ciel ou ses pieds, je considère que c'est un bien piètre ami, un dégénéré, un taureau sans cornes. Tu sembles bien fier de posséder ta propre cellule, Poil-aux-Oreilles. En vérité, tu es prétentieux. Et tu devrais en éprouver honte et regret.

A ces paroles, Poil-aux-Oreilles s'alarma et dit :

– Voyons, honorable ami, ne parle pas comme ça. Tu me fais de la peine. Tu es la personne que je respecte le plus au monde. Laisse-moi te dire ce qui m'empêche d'avoir l'esprit libre. Il y a une vilaine petite souris dans cette cellule qui ne cesse de voler la nourriture que je laisse dans ce bol pour mes serviteurs. Même quand je l'accroche très haut à cette cheville de bois, elle parvient à l'atteindre. Et ainsi, mes serviteurs n'ont jamais de quoi déjeuner et ne veulent plus travailler. Si je frappe sur le bol avec ma canne, c'est pour effrayer cette souris. Il n'y a pas d'autre explication à mon impolitesse. En outre, il me faut ajouter que cette souris saute plus haut qu'un chat, un singe ou n'importe quelle autre créature.

Lorsque Poil-aux-Oreilles eut terminé sa triste histoire, Grosses-Fesses lui dit :

– Où se trouve le trou de cette souris?

– Je n'en sais rien, honorable ami, répondit Poil-aux-Oreilles.

– Je suis certain, poursuivit Grosses-Fesses, que le trou doit se trouver très près de l'endroit où elle entasse la nourriture volée. Elle semble habile et doit être très leste. A quel moment de la nuit vient-elle?

– Cela, je le sais bien, dit Poil-aux-Oreilles, parce qu'elle amène aussi toutes ses amies.

Grosses-Fesses dit alors :

– As-tu une pelle ou un instrument de ce genre?

– Bien sûr, répondit Poil-aux-Oreilles, j'ai une petite pelle en fer.
– Bon, nous nous lèverons très tôt demain matin pour relever les empreintes de cette maudite souris et nous les suivrons, dit Grosses-Fesses.

J'avais écouté sans faire de bruit tout ce que disaient les moines. Je fus grandement surprise de leurs projets. Le jeu allait peut-être se terminer. Ils avaient compris que j'avais amassé des provisions et que ma maison devait en être proche. Mes amies et moi-même cherchâmes donc une autre voie d'accès et il fut décidé d'abandonner l'ancienne piste.

Mais hélas, nous fûmes repérées par un monstrueux chat qui nous attaqua sauvagement et réussit à attraper celles d'entre nous qui n'avaient pu se sauver à temps. Et que croyez-vous qu'il arriva? Mes compagnes se réunirent et me blâmèrent de l'accident. Elles décidèrent aussitôt de reprendre l'ancienne piste. Mais certaines souris avaient été méchamment blessées par le chat, de sorte que Grosses-Fesses remarqua vite de petites taches de sang par terre et les suivit jusqu'au trou. Prenant alors la pelle, il se mit à creuser le sol et découvrit la nourriture volée que j'avais entassée en dessous de mes pénates.

Grosses-Fesses se mit à rire bruyamment devant sa découverte et déclara :

– Mon cher Poil-aux-Oreilles, tu peux désormais dormir tranquille. Ton sommeil ne sera plus troublé. Nous allons supprimer la cause de tes insomnies.

Et il s'empara de toutes mes provisions. Puis les moines rentrèrent dans leur cellule.

Lorsque je rentrai chez moi et découvris le malheur qui me frappait, je me lamentai et gémis : « Pauvre de moi, que vais-je faire maintenant? Où puis-je aller? Plus jamais je ne serai en sécurité! » Et je me traînai misérablement le reste de la journée.

Au crépuscule, le cœur lourd, je me rendis quand même, avec quelques amies, dans la cellule de Poil-aux-Oreilles. Dès qu'il nous entendit trottiner, il se mit à taper sur son bol avec sa canne en bambou et Grosses-Fesses se moqua de lui :

– Bonté divine, tu ne vas pas me dire que tu ne peux pas dormir maintenant!

Poil-aux-Oreilles répondit :

– Cette souris de malheur est reve-

nue, honorable ami, avec toute sa clique. Je fais de mon mieux pour les effrayer.

A cela, son compagnon répliqua :

– A ta place, je ne me ferais pas de souci. Maintenant que ses provisions se sont envolées, elle n'essaiera plus de sauter dans ton bol. C'est toujours comme ça avec ce genre de bestiole.

J'étais folle furieuse d'entendre cela! Si furieuse même que, rassemblant mes forces, je bondis sur le bol. Mais, hélas! je ne parvins pas à l'atteindre et retombai sur le sol. Sur quoi, Grosses-Fesses s'écria :

– Regardez-moi ça! Regardez cette souris! Elle ne possède plus rien. Ce n'est plus qu'une souris absolument comme les autres.

Je savais qu'il disait vrai. Et je n'avais plus assez de forces pour sauter encore. Comme j'aurais voulu ne pas être si pauvre!

Mais, pendant que j'essayais de me consoler, je remarquai que Poil-aux-Oreilles, ayant placé la nourriture dans un sac, était en train de s'en faire une sorte d'oreiller. Comprenant que je ne pouvais plus rien faire, je revins, penaude, à mon trou. L'aube approchait et j'étais complètement épuisée.

Le lendemain, je surpris mes amies en train de parler de moi.
– Cette souris n'a plus d'intérêt, grommelaient-elles, elle ne peut plus nous nourrir et c'est par sa faute que le chat nous a attaquées. Laissons-la se débrouiller toute seule.

Aussitôt dit, aussitôt fait. Et parce que je ne leur rapportais plus rien, mes amies m'abandonnèrent.

Je réfléchis longuement à ce qui m'était arrivé. J'étais très malheureuse d'être devenue si pauvre. Je réalisais quand même que la richesse ne servait à rien si elle ne provoquait que des malheurs. Devais-je aller vivre dans la forêt? Comment allais-je me nourrir? Je décidai qu'il n'était pas question de mendier. Quant au vol, je ne pouvais plus en supporter l'idée. Je n'avais pas non plus envie de vivre de ce qu'on me donnerait par gentillesse. Non, aucune de ces solutions ne me satisfaisait.

Je choisis, en fin de compte, d'essayer de reprendre ce que Grosses-Fesses m'avait volé et qui se trouvait à présent dans l'oreiller. Je n'avais rien à gagner à me montrer timide. Si bien que la même nuit, pendant que Poil-aux-Oreilles était profondément endormi, je m'introduisis dans sa cellule avec une grande détermination et me mis à ronger le sac. Mais il se réveilla en sursaut, saisit sa canne de bambou et m'en frappa. Il m'érafla la tête sérieusement et je m'échappai de justesse. Je dois dire que cela me guérit à jamais de vouloir accéder à la richesse. Je ne tentai plus de récupérer mon trésor ni d'en amasser un autre.

Je restai simplement chez moi, me nourrissant de ce que je pouvais glaner ici et là.

Le héron et le crabe

Un héron vivait au bord d'un étang. Comme la vieillesse le gagnait, il avait de plus en plus de mal à trouver sa nourriture. Il se postait sur la berge mais, bien qu'il pût voir très clairement les poissons nager dans l'eau, il n'essayait même plus d'en attraper un.

Curieusement, un crabe vivait aussi dans cet étang parmi les poissons et un jour, s'approchant du héron, il s'enquit :

– Oncle, pourquoi ne pêches-tu pas aujourd'hui et pourquoi as-tu l'air si triste?

Le héron lui répondit d'un ton lugubre :

– Avant, il m'était facile d'attraper des poissons et je les mangeais avec plaisir. A présent, je suis vieux et j'ai bien du mal à pêcher. Mais sais-tu le grand malheur qui vous guette?

– Quel est ce grand malheur, oncle? demanda le crabe.

– Eh bien, expliqua le héron, il se trouve que j'ai surpris la conversation d'un groupe de pêcheurs. Ils disaient que demain ou le jour suivant, ils viendraient pêcher dans cet étang. Aujourd'hui, ils lancent leurs filets dans le lac qui se trouve près de la ville. Mais s'ils viennent ici, il n'y aura bientôt plus de poissons dans cet étang. Je mourrai et toi aussi. J'en suis si bouleversé que j'en ai l'appétit coupé aujourd'hui.

Lorsque les poissons entendirent les mensonges du héron, ils furent très effrayés. Aussi, pensant à leur avenir, ils s'approchèrent de lui et dirent :

– Oncle! Père! Frère! Ami! Nous honorons ta sagesse. Si tu sais le grand malheur qui va nous frapper, tu dois également savoir comment y remédier. Nous t'implorons de nous sauver.

Le héron répondit :

– Soyez assez aimables pour vous

rappeler que je suis un oiseau. Je ne peux espérer être capable de défendre qui que ce soit, ni vous ni moi-même, contre ces pêcheurs. La seule chose, peut-être, que je puisse faire, c'est de vous transporter dans un autre étang plus profond.

Sans comprendre la ruse du héron, les poissons le supplièrent de faire ce qu'il proposait.

– Oncle! Ami! Noble créature! s'écrièrent-ils tous les uns après les autres. Emporte-moi d'abord. Prends-moi le premier.

Ce vieux coquin de héron ricana dans sa barbe : « Comme je suis malin! Je tiens à présent tous ces stupides poissons en mon pouvoir. Quel magnifique dîner je vais faire! »

Il accepta avec empressement ce que les poissons lui demandaient et les emporta un par un dans son bec jusqu'au sommet d'un grand rocher plat. Et là, il les avala calmement. Tous les jours, il se livrait à ce manège, trompant les poissons avec de fausses promesses.

Le crabe, lui aussi, commençait à avoir peur et demanda au héron de le transporter dans cet autre étang.

– Oncle, dit-il, ne m'oublie pas.

Le héron fit semblant de réfléchir. En fait, il se disait : « J'en ai un peu assez de manger du poisson. J'aimerais savoir quel goût a le crabe. Cela me changerait et il paraît que c'est un mets d'une grande délicatesse. »

Il prit donc le crabe dans son bec et s'envola avec lui.

Mais le pauvre crabe ne manqua pas de remarquer que le héron évitait soigneusement tous les

étangs. Alors que ce dernier allait se poser sur le grand rocher plat chauffé par le soleil, le crabe murmura :
– Oncle, où se trouve donc cet étang dont tu parlais?
Le héron sourit et dit :
– Vois-tu ce rocher là-bas? C'est là que j'ai emporté tous les poissons. Ils y sont en sécurité. Et dans quelques instants, tu vas les rejoindre.
Le crabe jeta un coup d'œil sur le rocher et vit, à sa grande horreur, qu'il était jonché d'arêtes de poissons. Il comprit trop tard qu'il avait été trompé. « Hélas! gémit-il, ce soi-disant ami est en réalité un cruel ennemi. Il a mangé tous les poissons qu'il a emportés, je peux voir leurs squelettes. Ce sera bientôt mon tour. Que puis-je faire? Il n'y a pas de temps à perdre. J'ai trouvé! Avant que je ne m'écrase

sur ce rocher, je vais lui couper le cou avec mes pinces. »

Lorsque le héron comprit l'intention du crabe, il essaya de s'en débarrasser. Mais il n'était pas très malin et, malgré tous ses efforts, il ne parvint pas à se libérer de son étreinte. Bientôt les pinces entamèrent la chair, puis, soudain, la tête du héron se sépara de son corps.

Après s'être reposé un moment, le crabe se mit en route pour retrouver son étang natal, tirant la tête du héron derrière lui, telle une fleur de lotus.

Lorsque les poissons le virent, ils s'écrièrent :

– Oncle crabe, comment se fait-il que tu sois là? Pourquoi es-tu revenu?

Le crabe leur montra la tête du héron et dit triomphalement :

– Voyez, mes amis, il nous a trompés. Savez-vous ce qui est arrivé en réalité à vos frères? Il les a emportés sur un grand rocher plat chauffé par le soleil et il les a tous mangés. Lorsque j'ai découvert son crime, j'ai attrapé le coquin par le cou et je lui ai coupé la tête. Et je vous l'ai apportée pour que vous la voyiez de vos yeux. Il n'y a plus d'inquiétude à avoir maintenant. Nous pouvons vivre ici, dans notre cher étang, pour toujours, à l'abri et en paix.

Les oies et la tortue

Une tortue vivait dans un étang. Elle avait deux amies, deux oies, qui s'appelaient Fluette et Pas-Jolie. Il arriva qu'une grande sécheresse s'installa dans la région pendant douze ans. Les oies se dirent : « Notre étang est presque à sec. Il nous faut en trouver un autre. Mais allons d'abord faire nos adieux à notre vieille amie la tortue. »

Quand elles eurent exposé leur intention à la tortue, celle-ci leur répliqua :

– Pourquoi venir me dire au revoir? Cet étang est ma maison. S'il disparaît et que vous me quittiez, je suis certaine de mourir. Si vraiment vous m'aimez, vous devez tout mettre en œuvre pour me sauver. Si vous restiez ici, vous n'auriez rien à manger mais vous pouvez vivre sans eau. Tandis que moi, privée d'eau, je meurs. Quelle est la pire chose, mes amies, ne pas dîner ou perdre la vie?

Après avoir réfléchi à ces paroles, les oies répondirent :

– Tortue, comme tu es un animal aquatique et que tu n'as pas d'ailes,

nous ne pouvons t'emmener avec nous.

Mais la tortue leur répliqua :

– Mais si, il existe un moyen. Allez chercher un bâton.

Les oies s'exécutèrent et, lorsqu'elles revinrent avec le bâton, la tortue leur expliqua :
– Je vais m'y agripper avec les dents tandis que chacune de vous

prendra une extrémité du bâton dans son bec. Puis, vous vous envolerez en tenant bien fort le bâton. Et de cette façon, vous pourrez me porter jusqu'à un autre étang où l'eau sera plus abondante.

Mais les oies n'étaient pas entièrement convaincues.

– Ton idée nous inquiète un peu, dirent-elles, parce qu'il suffira que tu ouvres la bouche pour t'écraser sur le sol en mille morceaux.

La tortue les rassura :

– Je vous promets, dit-elle, que je ne prononcerai pas un seul mot durant tout le voyage.

Finalement, les oies acceptèrent cet arrangement. Mais lorsque les gens de la région aperçurent la tortue, portée maladroitement par les deux oies, au-dessus de leurs têtes, ils s'écrièrent :

– Regardez! Regardez ce drôle d'attelage volant!

Et ils s'interpellaient devant l'étrange spectacle.

Lorsque la tortue entendit les cris et les exclamations des gens, elle oublia sa promesse et ouvrit la bouche pour dire :

– De quoi s'étonnent ces gens stupides!

Hélas! à peine avait-elle eu le temps de prononcer ces mots que la tortue écervelée se sentit tomber. Elle s'écrasa sur le sol et mourut sur le coup. Les habitants de la ville sortirent alors leurs couteaux pour dépecer l'infortunée créature, car c'étaient de grands amateurs de chair de tortue.

Le singe et le crocodile

Un grand arbre s'élevait au bord de la mer. Tout au long de l'année, il donnait des fruits, appelés pommes-roses. Un singe, nommé Joues-Rouges, y avait fait sa maison.

Un jour, un crocodile, du nom de Tête-Dure, sortit de l'eau et vint se reposer sur le sable au pied de l'arbre. Lorsque Joues-Rouges l'aperçut, il lui dit :

– Bienvenue à toi. Veux-tu goûter à ces pommes-roses? Elles sont douces comme le miel.

Et il lança quelques fruits au crocodile qui les mangea avec grand plaisir. Ils prirent l'habitude de se retrouver tous les jours et de bavarder à l'ombre de l'arbre.

Quelquefois, le crocodile rapportait à sa femme quelques fruits qu'il n'avait pas mangés.

– Cher époux, demanda-t-elle un jour, où trouves-tu ces merveilleux fruits? Ils ont le goût du miel.

– Oh! répondit son mari, c'est un très bon ami, un singe appelé Joues-Rouges qui me les donne.

Sa femme remarqua :

– Eh bien, s'il mange ces merveilleuses pommes-roses tous les jours, son cœur doit être maintenant aussi suave que le miel. Si tu m'aimes vraiment, tu dois me rapporter son cœur, car, en le mangeant, je ne vieillirai ni ne mourrai jamais. Je serai pour toujours ta femme aimante.

Le crocodile fut, évidemment, bouleversé par ces paroles.

– Oh non, ma chère femme! s'écria-t-il. Je ne peux pas faire cela! Comment pourrais-je tuer le doux ami qui me donne ces fruits? Ce n'est pas bien de ta part de me demander une chose pareille.

Mais madame Crocodile insista :

– Tu ne m'as jamais rien refusé jusqu'à présent. Je commence à croire que cet ami est plutôt une amie et que tu es amoureux d'elle. Je comprends maintenant pourquoi tu passes tant de temps avec

elle sous cet arbre, et pourquoi tu refuses de me donner ce que je veux. Et si c'est vraiment un mâle, il n'y a pas de raison que tu l'aimes tant. J'en ai assez dit. Si tu ne m'apportes pas ce cœur à manger, je me laisserai mourir de faim.

Tête-Dure vit combien elle était décidée et marmonna pour lui : « Mon Dieu, mon Dieu, que vais-je faire ? Comment puis-je tuer mon ami ? C'est un véritable frère pour moi. » Puis, ayant longuement réfléchi au problème, il se rendit sous l'arbre.

Lorsque Joues-Rouges le vit si triste, il lui demanda :

– Que se passe-t-il, mon ami ? Tu n'es pas comme d'habitude, aujourd'hui. Tu ne me fais pas rire, comme tu sais si bien le faire.

– Je vais t'en dire la raison, dit le crocodile. Ma femme m'a fait une scène ce matin. Elle m'a traité d'ingrat, m'a affirmé qu'elle ne voulait plus me voir. Elle m'accuse de vivre à tes dépens et de ne jamais t'inviter à la maison. Elle veut que tu viennes pour qu'elle puisse te remercier de ta gentillesse à mon égard. Je serais arrivé plus tôt si elle ne m'avait retenu avec ses reproches. Alors, veux-tu venir chez nous, de grâce? Il y a devant la maison un charmant petit porche et ma femme s'est parée de ses plus beaux atours pour te recevoir.

Joues-Rouges répondit :

– C'est très gentil de sa part. Mais les singes vivent dans les arbres et les crocodiles dans l'eau. Comment pourrais-je venir chez toi? Amène plutôt ta chère femme ici, elle pourra me remercier du pied de l'arbre.

Mais Tête-Dure insista :

– Il y a un magnifique banc de sable devant chez nous, non loin du rivage. Saute sur mon dos et je te mènerai là-bas en un rien de temps.

Le singe se montra ravi de cette idée :

– Eh bien, alors, dit-il, allons-y de ce pas. Qu'attendons-nous? Je suis déjà sur ton dos.

Et ils s'en allèrent. Mais Tête-Dure fendait si rapidement les eaux profondes que Joues-Rouges s'effraya et cria :

– Pas si vite! Pas si vite! Je suis trempé jusqu'aux os. Je vais bientôt tomber de ton dos.

Le crocodile pensait : « S'il tombe, il se noiera. L'eau est très profonde. Je l'ai en mon pouvoir. Je vais lui dire ce que j'ai l'intention de faire, puis je lui laisserai le

temps de faire ses prières. » Et il dit au singe :

– Mon ami, en vérité, je t'ai amené ici dans le but de te tuer. C'est, en fait, le réel désir de ma femme. Alors, dépêche-toi de dire tes prières.

– Pourquoi? dit le singe. Pourquoi veux-tu me tuer? Je ne t'ai jamais fait de mal, ni à toi ni à elle.

– Eh bien, expliqua le crocodile, ma femme croit que ton cœur doit être aussi suave que ces fruits que tu me donnes. Elle veut manger ton cœur. Voilà la raison.

A ces mots, le singe, malin, rétorqua :

– Pourquoi ne pas me l'avoir dit avant? J'aurais alors apporté mon cœur avec moi. Mais vois-tu, je l'ai laissé chez moi, dans un creux de l'arbre. Je le cache toujours là. Il semble que tu m'aies amené ici pour rien. Ta femme va être déçue. Rentrons le chercher.

Le crocodile, très heureux de cette réponse, gloussa :

– Quelle bonne idée! Je vais te ramener à l'arbre et tu me donneras ce cœur si suave pour ma malheureuse femme, qui le mangera et cessera de jeûner.

Il fit donc demi-tour et revint vers l'arbre. Mais, dès qu'il atteignit la terre ferme, Joues-Rouges, d'un bond, sauta de son dos et grimpa dans l'arbre.

Lorsqu'il fut à l'abri, il se dit : « Hourra! Il s'en est fallu de peu! C'est comme si je renaissais! »

Mais le crocodile leva la tête et grogna :

– Eh bien, que fais-tu? Dépêche-toi de me donner ce cœur pour que ma femme le mange et ne se laisse plus mourir de faim.

Le singe éclata de rire et lui dit :

– Idiot! Traître! As-tu jamais entendu dire qu'on possède deux cœurs? Va-t'en et ne reviens jamais ici.

Le crocodile se dit tout bas : « Quel idiot j'ai été, en effet, de lui dire que j'allais le tuer! Essayons de le persuader une nouvelle fois. » Et tout haut il dit au singe :

– Ma femme ne voulait pas ton cœur. Je n'ai dit cela que pour voir si tu avais peur. Mais, en revanche, il est bien vrai qu'elle veut faire ta connaissance.

Le singe ne voulut rien entendre de ce discours.

– Veux-tu t'en aller, coquin! répliqua-t-il. Tu voulais me tuer simplement pour faire plaisir à ta femme. Mais tu t'es trahi en voulant me jouer un tour. Le fait est que tu ne dis la vérité que lorsque tu tiens ta langue et ne dis mot.

Leur conversation fut interrompue par un poisson qui, toutes nageoires déployées, vint dire au crocodile :

– Mon ami, ta femme s'est laissée mourir de faim.

Tête-Dure se mit à pleurer et gémit :

– Mes enfants, à présent, n'ont plus de mère. Je n'ai plus d'épouse. Ma maison est vide. Je n'ai plus qu'à me laisser mourir à mon tour.

Mais Joues-Rouges se moqua de lui :

– Imbécile! Je savais bien que ta femme te menait par le bout du nez. Tu devrais être content qu'elle soit morte. Si j'avais une femme comme la tienne et qu'elle vienne à mourir, je donnerais plutôt une grande fête.

C'est alors qu'un second poisson arriva aussi vite que le premier et murmura au crocodile :

– Je suis désolé de vous apprendre, monsieur, qu'un énorme crocodile vit maintenant dans votre maison.

Cette nouvelle inquiéta fort le crocodile, qui demanda conseil au singe.

– Mon ami, dit-il d'un ton lugubre, la malchance continue à me poursuivre. Que dois-je faire ? Me battre avec ce crocodile ou essayer de le corrompre pour qu'il quitte ma maison ?

– Ne compte pas sur moi pour t'aider, dit Joues-Rouges, je n'ai pas oublié ce que tu voulais me faire.

– Je reconnais que j'ai voulu te faire du mal, répondit tristement Tête-Dure, mais, de grâce, pardonne-moi et donne-moi un bon conseil. Le proverbe dit bien qu'il faut rendre le bien pour le mal.

Le singe réfléchit un moment, puis dit :

– Si j'étais toi, je rentrerais chez moi et je le combattrais. Je le jetterais hors de ma maison. Tu ne t'en débarrasseras jamais si tu ne réagis pas tout de suite. C'est la seule chose à faire.

Le crocodile remercia le singe, lui dit au revoir et rentra chez lui. Lorsqu'il arriva, rassemblant tout son courage, il livra bataille à l'énorme intrus et, finalement, réussit à le tuer. Ayant récupéré sa maison, il y vécut fort longtemps et très heureux.

Le chacal bleu

Un chacal, nommé Cri-Sauvage, habitait une tanière non loin de la ville. Un jour, en quête de nourriture, car il avait très faim, il se retrouva à la nuit tombante dans la ville. Des chiens féroces l'attaquèrent et le menacèrent de leurs crocs acérés. Il s'échappa, mort de peur devant leurs terribles aboiements, et arriva en clopinant dans la maison d'un teinturier. Ne sachant où se cacher, il sauta la tête la première dans une jarre remplie d'indigo.

Lorsque les chiens, lassés, s'en allèrent, il se faufila hors de la maison et retourna dans la forêt. Les autres animaux, voyant qu'il était tout bleu, s'écrièrent : « Qu'est-ce que cette créature? Nous n'avons jamais vu un animal de cette couleur. »

Et, effrayés, ils s'enfuirent à son approche, racontant partout qu'un étrange animal avait fait son apparition parmi eux.« Personne ne le connaît, murmuraient-ils, nul ne sait sa force. Il vaut mieux ne pas s'en approcher. Il serait bien imprudent de faire confiance à

quelqu'un dont on ignore tout. »

Cri-Sauvage, voyant le parti qu'il pouvait tirer de leurs craintes, leur cria : « Stupides créatures! Pourquoi fuir? Ne savez-vous pas que le

dieu Indra vient de me nommer votre maître? Je suis Cri-Sauvage et je suis aussi votre roi. N'ayez pas peur. Je vous protégerai. »

Lorsqu'ils entendirent cela, les lions, les tigres, les léopards, les singes, les lièvres, les antilopes et les autres chacals s'inclinèrent devant lui et dirent : « Maître, dis-nous comment nous pouvons te servir. »

Le chacal expliqua alors au lion qu'il serait son premier ministre, au tigre qu'il serait son chambellan, au léopard qu'il se chargerait de sa boîte de bétel, à l'éléphant qu'il garderait sa porte et au singe qu'il devrait porter le parasol royal. Mais il oublia complètement les chacals.

Tous les animaux lui obéissaient. Lorsque les lions et les tigres attrapaient une proie, ils la lui apportaient. Le faux roi, d'ailleurs, se montrait très juste et partageait la nourriture également entre tous.

Le temps passa. Et, un jour, alors qu'il tenait audience, il entendit une meute de chacals qui hurlaient au loin. Ce bruit lui procura tant de plaisir qu'il se mit à gémir de joie, de sorte que les lions et les tigres qui l'entendirent se dirent entre eux : « Mais ce n'est qu'un chacal. Il nous a trompés. Tuons-le. »

Le chacal bleu essaya bien de s'enfuir, mais un tigre bondit sur lui et le mit en pièces.

La mangouste loyale

Un brahmane, qui s'appelait Béni-des-Dieux, vivait dans une certaine ville. Il était marié et avait un fils. Le couple possédait également une mangouste apprivoisée, que la femme traitait comme son propre enfant. Elle la nourrissait de son lait, la baignait régulièrement et lui appliquait des onguents quand elle en avait besoin. Elle ne lui faisait pas entièrement confiance, cependant, parce qu'elle croyait que la mangouste était de nature sournoise et qu'elle pouvait attaquer son fils. Elle pensait au vieux proverbe qui dit : *Un fils peut se montrer désobéissant et insolent, faire les pires bêtises, avoir mauvais caractère, être laid, il reste quand même une grande joie pour ses parents.*

Un jour, après avoir déposé son fils dans son berceau, l'avoir bien bordé, elle prit une jarre et dit à son mari : « Je vais chercher de l'eau. Pendant mon absence, veille bien à ce que la mangouste ne fasse pas de mal à notre bébé. » Mais, dès qu'elle fut partie, le brahmane sortit pour aller mendier sa nourriture.

Alors que la maison était vide, un cobra sortit d'un trou dans le mur et rampa vers le bébé endormi. La mangouste, ayant reconnu son ennemi naturel et voyant que son frère, le bébé, était en danger, n'écouta que son courage et attaqua le cobra, qu'elle mit en pièces. Fière de sa victoire, le sang dégouttant encore de ses babines, la mangouste courut à la rencontre de sa mère pour lui raconter ce qui s'était passé.

Mais lorsque la femme du brahmane vit le petit animal, du sang plein la bouche et visiblement très fier de lui, elle fut certaine qu'il avait tué et mangé le bébé. Animée d'une grande colère et sans réfléchir plus avant, elle l'écrasa avec la jarre pleine d'eau. La mangouste fut tuée sur le coup. La femme du

brahmane, laissant le corps où il était, se précipita chez elle.

Naturellement, elle trouva le bébé en parfaite santé. Elle aperçut aussi les restes du serpent, dont certains gisaient près du berceau. Folle de chagrin à l'idée de ce qu'elle avait fait, elle se frappa la tête et la poitrine.

A cet instant, le brahmane rentra, portant un bol de riz qu'on lui avait donné. Sa femme, remplie de détresse, l'accabla de reproches : « Regarde ce que ton avidité a provoqué! Je t'avais dit de surveiller la maison. Notre mangouste est morte et tout ça par ta faute. Tu es un méchant homme. »

Comme dit le proverbe : *Ne souhaite pas la richesse. Juste assez suffit, car l'avidité n'a pas de limites.*

Table des matières

Cet
ouvrage,
le quarante-
sixième
de la collection
CASTOR POCHE,
a été achevé d'imprimer
sur les presses de l'imprimerie
Brodard et Taupin
à La Flèche
en avril
1982

Dépôt légal : 2e trimestre 1982
N° d'édition : 11263 - Imprimé en France
ISBN : 2-08-161750-1